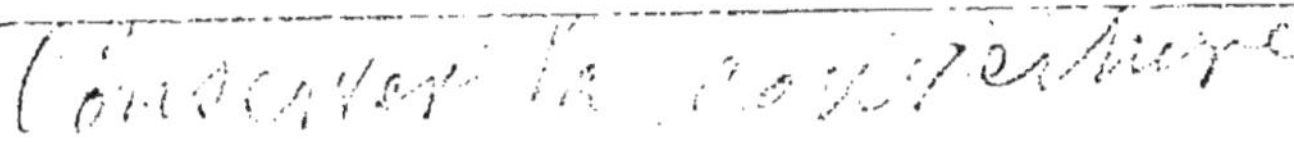

RESTAURATION
ESPAGNOLE

PAR

A. DUMON

ANCIEN VICE-CONSUL DE FRANCE

DIRECTEUR DE LA STATIOGRAPHIE DES CHEMINS DE FER FRANÇAIS

(GUIDE DESCRIPTIF, INDICATEUR INTERNATIONAL)

PRIX : 1 FRANC

PARIS

IMPRIMERIE ADMINISTRATIVE DE PAUL DUPONT

RUE J.-J.-ROUSSEAU, 41, (HÔTEL DES FERMES)

DENTU, libraire-éditeur, 17 et 19, galerie d'Orléans (Palais-Royal)

1869

RESTAURATION

ESPAGNOLE

———•◦•———

PARIS

IMPRIMERIE ADMINISTRATIVE DE PAUL DUPONT

41, RUE J.-J.-ROUSSEAU (HOTEL DES FERMES)

—

1869

TIMBRE
IMPÉRIAL
SEINE

RESTAURATION

ESPAGNOLE

L'histoire du XIXe siècle fera rire nos neveux. Ils trouveront dans ses pages une de ces belles et bonnes comédies de mœurs que les spirituels vaudevillistes français ont mises à la mode.

Une des scènes les plus drôles, les plus divertissantes, si l'on ne devait en laisser le côté grotesque pour n'en voir que les tristes effets, serait la révolution d'Espagne.

Un peuple, trompé par des intrigants, se soulève au cri de Liberté ! et renverse un trône séculaire, le trône de ces rois qui firent l'Espagne si puissante et si honorée.

Le peuple espagnol avait fait une révolution, ou, du moins, il l'avait regardé faire, avec l'impassibilité et l'indifférence d'une nation qui ne sait pas ce qu'on lui veut, et qui, habituée à courber sous le sabre un front qu'elle levait en paix, radieux, vers le trône, s'est donnée par terreur, en oubliant sa reine et son passé, à ceux qui ont su lui imposer leur dictature.

Que voulaient les révolutionnaires ?

Ils voulaient profiter, pour leur gloriole castillane, des idées nouvelles qui ont découlé de 89, et dont ils ne comprennent ni la spontanéité, ni la profondeur.

Les voici, depuis près d'un an, en querelle avec la liberté et la vanité.

Des deux, qui triomphera ?

Il serait aisé de répondre, mais qu'on nous permette un mot d'un patriote espagnol.

On lui parlait de cette nouvelle ère qui s'est levée sur l'Espagne, et de la noble attitude qu'elle avait en face de l'Europe. Je le vis sourire, et il me répondit :

« Vous ne connaissez point l'Espagne, Monsieur : elle est monar-
« chique quand même. Elle aime le sceptre et la tiare, elle est
« l'éternelle catholique ; et, voulez-vous, Monsieur, que je vous
« dise toute ma pensée : l'Espagne fait semblant d'être républi-
« caine, par vanité, parce que l'Europe l'admire, parce qu'une cer-
« taine presse française l'a fêtée et vantée. Les Espagnols sont un
« peuple d'orgueilleux qui ne veulent obéir qu'à leurs sentiments,
« leur fussent-ils dictés par des *meneurs*. »

Certes, c'est une noble race que celle qui a su repousser l'inva-
sion française ; hommes forts qui, pour rester libres, eussent mis leurs corps dans les canons comme des boulets !

Hé bien ! où en sont-ils ?

Dans ces temps de civilisation, il y a une fraternité entre tous les peuples ; et s'il y a entre eux des droits, il y a des devoirs. C'est pour cela que, croyant à ses aspirations vers la république, certaines nations ont applaudi à la Péninsule révolutionnée.

L'Espagne se doit à l'Europe, et l'Europe doit à l'Espagne, sinon l'appui de ses armes, du moins sa protection morale.

La presse européenne a parlé diversement de la révolution d'Espagne où il a été prodigué stérilement tant de vies et d'intelligence. A quoi bon ? Pour tenter de détrôner l'arrière-petite-fille de Philippe II ! Cette reine espagnole, qu'avait-elle fait, sinon que de garder les traditions nationales ? Vous aviez vu s'épanouir autour d'elle sa noble famille, ruche d'où les bienfaits s'envolaient comme des abeilles.

Que voulez-vous aujourd'hui ? République ou Monarchie ?

Il faut peser comme de l'or le sort des peuples. Eh bien ! l'Espagne, en ce moment, hésite ; elle attend, elle espère.

Qu'espère-t-elle ?

Elle espère la monarchie. Si l'Espagne n'est pas née encore pour la république, qui, longtemps encore, sera pour elle une chimère, la monarchie est née pour la liberté.

Cette monarchie, désormais, sera libre, c'est-à-dire qu'elle secouera le vieil arbre des priviléges. Ces concessions seront-elles l'œuvre de l'adversité ? Non. Elles seront nées directement de l'intelligence et du pardon.

* *

Tout est en émoi ; on discute.

Les Cortès s'occupent activement d'un projet de constitution ; ce projet porte que l'Espagne est une monarchie.

Ce que les Cortès vont décider est décidé d'avance. L'Espagne restera monarchique. Isabelle II n'a point abdiqué ; elle est encore la reine d'Espagne, et il est impossible de croire que, pour maintenir un état de choses transitoire, où s'agitent tant d'ambitions, une assemblée, l'élite de l'Espagne, veuille renverser un trône consacré par tant de siècles, et désiré, en dépit des factieux, par l'amour des populations.

* *

Les peuples comme les rois ont compris ceci.

Tous les prétendants se sont retirés.

Le roi Ferdinand, à qui la couronne avait été offerte, a hésité d'abord, puis a refusé, épouvanté de l'acte qu'il commettrait et de la responsabilité qu'il assumerait sur sa tête.

Le refus de dom Fernando lui fait honneur. Il est une humilia-tion pour les Cortès, qui, un instant, ont trop compté sur le pou-voir exécutif; il est un soufflet de mépris donné au gouvernement provisoire; il est une consolation pour nous qui l'avons prévu et écrit.

Le gouvernement a offert à dom Fernando une couronne qu'il ne lui était pas permis d'offrir, puisqu'elle ne lui appartient pas. Dom Fernando a répondu ce que dirait un honnête homme à un lar-ron qui viendrait lui proposer des objets volés.

L'Espagne a reçu là un terrible affront. Elle doit voir enfin qu'elle est tombée bien bas ! Ceci n'est que le prélude des avanies qu'elle aura à subir tant qu'elle persistera à ajourner le rétablissement de ce passé qui fit sa gloire, pour ce présent qui fait sa honte et la rend la risée des peuples.

Que les rois commettent des fautes, ils ne sont pas infaillibles; mais qu'ils sachent veiller à leur prestige !

Il faut se presser pieusement, ô princes de la terre, autour des débris d'un trône écroulé, et non se précipiter dessus comme à une curée.

Don Carlos sait ce qu'il doit à son nom et à sa dignité. Il ne voudra pas, par d'indignes manœuvres, fomenter en Espagne une guerre civile qui mettrait son nom au pilori de l'histoire.

M. de Montpensier a perdu toute chance de succès. La famille d'Orléans toute entière, dans une lettre digne et profonde dont s'est beaucoup ému le monde politique, s'est déclarée contre les prétentions et les menées dont il s'est rendu coupable.

Voici ce que, entre autres choses, disent au beau-frère de la reine d'Espagne les princes d'Orléans :

« La reine Isabelle, sans tenir compte des obsessions dont elle a
« dû être l'objet de la part de nos ennemis, vous a offert l'hospi-
« talité, dans des conditions de grandeur et de générosité excep-
« tionnelles, au moment où les autres souverains de l'Europe
« hésitaient à nous accueillir. Que ne serait-on pas en droit de dire
« et de penser, si vous l'en aviez récompensée en encourageant,
« par des moyens indignes de vous, une révolte dont il suffit de
« connaître l'origine pour en condamner l'esprit? Tous les hommes,
« dont on vous accuse d'avoir facilité le succès, avaient prêté ser-
« ment comme vous à la reine Isabelle. Le respect de vous-même
« vous empêchait de prêter l'oreille à leurs ouvertures, en admet-
« tant qu'ils aient osé vous en faire; mais la solidarité qui vous
« unit à nous devait surtout vous interdire et vous a interdit, nous

« persistons à le croire, de laisser l'ombre d'un soupçon de forfai-
« ture obscurcir votre blason de gentilhomme français et votre
« nom de d'Orléans. »

Cette lettre est le plus bel hommage qui puisse être rendu à la
reine d'Espagne, en même temps qu'elle est une preuve que la
maison d'Orléans, ayant enfin jeté un regard en arrière et interrogé
sa conscience, trouve qu'il est temps de s'arrêter dans le chemin
de l'infamie.

M. de Montpensier a dû comprendre ce que lui avaient déjà dit
la presse, désintéressée dans le conflit espagnol, et l'opinion publique, souverain juge des questions d'honneur.

*
* *

Mais laissons de côté les prétendants dont il n'est plus question
que dans quelques correspondances qui, vides de faits, cherchent à
se nourrir de bavardages.

Détournons les yeux du honteux spectacle qu'ont donné au monde
les révolutionnaires espagnols. Éloignons-nous avec horreur des
rues ensanglantées de Port-Sainte-Marie, de Cadix et de Malaga.

Sortons de l'ombre où l'erreur et l'intrigue ont pendant un moment plongé le royaume d'Isabelle la Catholique, pour saluer sa
gloire passée et nous réchauffer au rayon du soleil régénérateur
qui se lève à l'horizon et dore déjà les clochers de Madrid !

*
* *

On se demande qui sera roi d'Espagne, qui voudra du sceptre
d'Alphonse le Sage.

Eh ! le trône d'Espagne n'est pas à prendre.

La procession des prétendants a été assez ridicule. Qu'on ne joue
donc pas une nouvelle farce sur les marches de ce trône où s'assi-
rent tant de souverains qui ont droit au respect des Espagnols et à
l'admiration du monde !

Le trône n'est pas à prendre. Isabelle II n'en est pas tombée : elle en est descendue.

Elle en est descendue avec le dévouement de la femme et la dignité de la reine : femme, pour épargner à sa patrie les horreurs d'une lutte intestine ; reine, pour prouver qu'elle savait les devoirs des souverains, qui ne sont que les premiers citoyens d'un pays, et doivent se séparer de leurs concitoyens dès que ceux-ci les croient un obstacle à leur bonheur.

Mais le jour s'est fait. L'Espagne, après avoir oublié les torts du gouvernement de la reine, a compris le sacrifice de la femme.

Isabelle II revient aujourd'hui appuyée sur les droits et sur l'amour de son peuple, à qui les fanfaronnades de quelques tribuns et les catastrophes de la Péninsule et de ses colonies, n'ont certes pas fait oublier ses traditions et sa foi.

*
* *

La nation jette un regard de regret vers le passé, en face des ruines du présent. Elle ne se dissimule pas que la révolution espagnole est l'écueil contre lequel se brisent l'avenir et la prospérité de l'Espagne. Cuba, la belle, la riche Cuba, la fortune de la Péninsule est perdue si le trône n'est relevé ; perte irréparable ! Il en sera de même des autres colonies. Si c'est à ce but que visaient les révolutionnaires, ils ont réussi. L'industrie du pays se meurt ; les finances sont à la dernière extrémité ; qu'on tresse aux révolutionnaires des couronnes civiques !

Pense-t-on que sous le règne d'Isabelle II on eût vu de telles choses, éprouvé de si terribles désastres ? L'Amérique eût-elle osé, comme elle le fait aujourd'hui, toucher à Cuba, ce joyau si longtemps objet de ses convoitises ? Nous en appelons à M. Prim. Que lui, ou quelqu'autre des hommes de la révolution, gouverne l'Espagne à la tête d'un triumvirat, nous ne doutons pas un moment du sort qu'il subirait ; ce serait le sort réservé aux ambitieux qui veulent faire tourner à leur seul profit des calamités qui sont la ruine de tous.

* *

On s'amuse un instant devant le pître de la foire, mais l'on se dit bientôt qu'un pareil spectacle est indigne de celui qui le donne comme de celui qui le regarde, et l'on revient aux grandes idées et à l'art pur qui, comme tout génie, émanent de Dieu !

Le peuple espagnol a enfin jugé à l'œuvre ces hommes qui se prétendaient seuls capables de régénérer le pays. Il a comparé leur conduite à celle de la reine, qui jamais n'a failli à son rôle de souveraine constitutionnelle et se présente à la barre de la nation avec sa conscience pour seul défenseur.

La nation s'est prononcée.

On sait maintenant de quel côté est l'honneur, de quel côté est la honte.

La honte est pour ceux qui arrachaient à Isabelle II les ordres sanglants qu'ils l'accusent d'avoir trop souvent donné et abusaient de leur autorité militaire pour en imposer à leur souveraine et lui faire signer des arrêts de mort pour leurs ennemis en même temps que des donations et des dignités pour eux et les leurs.

L'honneur est pour la reine, pure de tout parjure, qui, après un règne fécond en bienfaits, règne douloureux pour elle puisqu'elle fut abreuvée de toutes les amertumes, supporte si dignement ses souffrances et l'exil auquel elle s'est volontairement condamnée.

Cet exil va finir, cet exil dont la reine est fière et dont l'Espagne a honte.

L'Espagne, pour avoir imprudemment écouté les théories de quelques utopistes, a fait un pas de clerc. Elle le reconnaît un peu tard et, voyant combien elle a été trompée, elle revient aux sentiments qu'elle n'aurait jamais dû fuir.

La reine, par sa conduite digne et sa résignation, s'est acquis la sympathie universelle et reçoit aujourd'hui la récompense de son abnégation.

Parcourez, comme nous venons de le faire, les villes du midi de la France, centres intelligents où les citoyens de tous les partis, l'ouvrier comme le magistrat, font taire la voix de leur opinion politique pour n'écouter que la voix du bon droit et de la justice ; vous verrez comment ce chevaleresque peuple français, presque frère du peuple espagnol, rend hommage aux vertus de l'auguste exilée. C'est de la bouche de ces étrangers désintéressés que tombe le plus bel éloge qui puisse être fait d'Isabelle II.

Nous-même avons été frappé de la popularité qui s'attache dans ces provinces au nom de la reine d'Espagne, de la réprobation qui poursuit la révolution expirante.

C'est dans l'adversité que se montrent les âmes fortes et généreuses.

Sur ce trône d'où Isabelle II est descendue grande, elle remontera plus grande encore.

*
* *

Dans la situation actuelle, la république n'est plus qu'un vain mot. La monarchie se dresse comme un phare, éclairant les profondeurs de l'abîme sur la pente duquel glisse l'Espagne.

Depuis le mois de novembre, nous l'avons dit, seule, la monarchie est possible en Espagne, mais la monarchie légitime. Les Espagnols, ils le prouvent par leur attitude, n'aiment pas les innovations.

La monarchie avec tout autre roi qu'un souverain légitime serait la ruine totale d'un malheureux pays déjà si éprouvé par les discordes civiles.

Qu'un prince étranger vienne s'asseoir sur le trône d'Alphonse le Sage : l'Espagne ne sera plus un royaume, ce sera un soldat toujours en armes, une sentinelle perdue... sa terre, un immense champ de bataille sur lequel s'entr'égorgeront les partis.

Pauvre nation, qui, perdant la tête dans la situation critique où elle se débat, ne s'aperçoit pas que d'avides puissances guettent l'instant où, épuisée par la guerre civile, la famine, ils pourront l'achever en lui mettant le pied sur la gorge !

Seule, une restauration peut conjurer le sort réservé à l'Espagne révolutionnaire, rendre au pays son commerce ruiné, son industrie détruite, ses finances en désarroi.

Alors, plus d'anarchie, plus d'intrigue, plus de guerre civile. Aucune coterie n'étant lésée dans ses opinions particulières, puisque tous les partis auront été vaincus par le grand parti de la nation, il pourra y avoir, certes, de sourdes inimitiés, mais il n'y aura pas de luttes sanglantes.

Aucune puissance ne peut nier à Isabelle II ses droits et sa légitimité. Qu'elle remonte sur son trône et les souverains même que l'opinion publique accusait d'appuyer certains prétendants s'empresseront de faire chorus avec le peuple espagnol qui saluera sa reine comme il l'acclama jadis à sa naissance et à son couronnement.

Les intrigues de l'intérieur, les menées étrangères inspirées par cette idée : *A qui l'Espagne ? Qui sera roi ?* n'auront plus de raison d'être. L'Espagne sera à elle-même, avec sa reine pour première citoyenne. Elle sera tranquille au dedans et respectée au dehors.

*
* *

La reine Isabelle n'a point soif du pouvoir. Les difficultés et les malheurs de son règne parlent plus haut en elle que l'ambition. Mais elle se doit avant tout à sa royale famille. Elle a un fils, le prince Alphonse des Asturies, héritier légitime du trône de ses pères, et elle ne peut, sans faillir à ses devoirs de mère et à sa dignité de reine, laisser passer en des mains étrangères l'héritage de son enfant.

Fatiguée de tout, elle n'aspire qu'au repos et au bonheur de voir le triomphe de sa cause.

Mais elle se rendra au vœu de la nation, et, si le bonheur de son peuple l'exige, elle reprendra le fardeau qui lui fut si lourd pour donner à son fils le temps de grandir et la force de régner seul.

Nous le répétons, elle remonterait sur le trône pour satisfaire aux besoins du pays en proie à toutes les incertitudes et à tous les soucis, conséquences du bouleversement qu'a produit la fatale révolution en ébranlant le trône. Mieux que personne, elle partagerait avec son fils, le prince des Asturies, qui est l'espérance et l'avenir du pays, la couronne qu'elle a reçue de cent Rois et qu'elle a su conserver pour le bonheur de l'Espagne.

Que voulaient les chefs militaires qui ont fait la révolution, ou, plutôt, que promettaient-ils au peuple? La liberté ? Le peuple ne l'a pas eue. La liberté ne peut exister dans l'anarchie ; elle est in-compatible avec les révolutions qui ne profitent qu'aux intrigants et aux meneurs.

C'est seulement sous une monarchie constitutionnelle que la liberté est possible, une liberté sage et raisonnée, qui concilie les droits du peuple et les devoirs du souverain.

Cette liberté, le peuple espagnol l'aura. La reine acceptera toutes les lois nouvelles, toutes les améliorations, tous les progrès ; elle les maintiendra, elle y ajoutera encore. Elle n'écoutera que son cœur et la voix de son peuple ; et ceux-là même qui sont aujourd'hui ses ennemis déclarés, seront ses sujets les plus dévoués. Ceux-là même qui sont aujourd'hui au pouvoir l'acclameront, car ils sauront ce que c'est que de régner, et l'expérience qu'ils auront faite de la suprême puissance leur aura prouvé que si elle est à la surface une coupe d'or, elle n'est au fond qu'un calice amer !

*
*
*

L'Espagne est en danger. Une crise terrible est imminente.

Dieu veuille qu'il ne se lève pas sur ce pays des jours plus sinistres que les plus sinistres jours de la Révolution française.

Il ne faut pas que l'Espagne ait son 93.

Il ne faut pas que le gouvernement, par un coupable entêtement, persiste à rester debout malgré l'antipathie des foules.

Verserait-il des flots de sang, il n'étouffera pas la réaction. Elle est là, forte et menaçante, prête à lui demander compte de son mandat et du sort de l'Espagne.

La terreur est un système qui tue les terroristes.

Que ceux qui ont fait à Isabelle II de si sanglants reproches, veillent sur leurs actes. L'histoire attend, prête à célébrer leur patriotisme ou à flétrir leur crime.

Tous les yeux sont fixés sur Madrid où se dénoue le drame de la révolution.

Que l'Espagne donne au monde le spectacle le plus digne que puisse donner une nation. Devant un danger commun s'effacent toutes les haines particulières. L'intérêt public doit passer avant l'intérêt privé.

Le salut du royaume est en jeu. Il ne doit plus y avoir ni carlistes, ni parti Montpensier, ni républicains.

Il ne doit y avoir que des Espagnols jaloux de l'honneur et de la prospérité de leur pays.

Que le pied d'un étranger ne souille pas le sol de la fière Espagne !

Levez-vous tous, et comme autrefois, lorsque vous combattiez pour votre indépendance, combattez pour votre nationalité. Serrez-vous autour de votre reine et de son fils, et que de cette union, inspirée par l'amour de la patrie, renaisse une Espagne forte et grande, une nation fidèle à son Dieu et à son roi et en qui revivra l'Espagne de Charles-Quint !

A. DUMON.

Paris, Imp. Paul Dupont, 41, rue Jean-Jacques-Rousseau — 1356.4.9.